La

Había una vez, en el más profundo de los mares, un rey que tenía siete hijas, buenas, cariñosas y bellas.
Aunque la Sirenita, la menor de las hermanas, tenía un don especial: una voz maravillosa. ¡Y le gustaba cantar!

Bajo el mar, la joven Sirenita era feliz. Le encantaba explorar el fondo marino, recorrer los jardines de algas y nadar entre las anémonas. ¡Y tenía un montón de amigos!

Pero había algo que siempre había querido hacer y nunca hacía: ¡subir a la superficie! Deseaba ver el cielo a plena luz del día y respirar aire, como los seres humanos. Y cuando su padre, al fin, le dio permiso, ¡subió!

Un barco que llevaba una vela inmensa avanzaba entre las olas, impulsado por el viento. Y la Sirenita observó que en la popa iba un joven que miraba al mar con aire preocupado.
¡Y con razón! Porque, poco después, se desató una gran tormenta y el barco se hundió.

Con gran esfuerzo, la Sirenita consiguió llevar al joven hasta la playa. Estaba inconsciente y, de no ser por ella, sin duda se hubiera ahogado. Pero cuando vio que volvía en sí, se fue.

Y el mundo de los humanos la impresionó tanto, ¡que fue a visitar a la bruja de las profundidades!

La bruja le ofreció un brebaje que la convertiría en humana ¡a cambio de su maravillosa voz! Y la Sirenita aceptó. Y así, volvió a encontrarse con el joven náufrago, que en realidad era el príncipe heredero de aquel reino.

El joven sintió simpatía por la joven náufraga que no tenía voz, y se la llevó con él, para cuidarla y ocuparse de que no le faltara de nada. Pero estaba enamorado de otra. Amaba a la que él creía que le había salvado la vida.

Y aunque se equivocaba, porque cuando aquella mujer llegó a la playa, él ya estaba a salvo, la mujer nunca lo sacó de su error. Y así, los dos enamorados se fueron juntos a recorrer los mares. El príncipe le pidió a la Sirenita que los acompañara y ella no supo negarse.
Y así pasaban los días.

Hasta que, una tarde, las hermanas de la Sirenita se acercaron al barco y le entregaron un puñal que les había dado la bruja de las profundidades.

Era mágico: si se lo clavaba al príncipe, recuperaría la voz y podría regresar al mar como sirena. Pero la joven lo amaba tanto ¡que en lugar de apuñalarlo, lo besó!

El joven dormía profundamente y no se despertó. Tras darle el beso, la Sirenita se despidió de él en silencio. Y sin que nadie la viera, se lanzó al agua. Prefería dejarse morir a tener que matar a aquel ser humano al que tanto amaba.

Y, convencida de que su cuerpo se convertiría en espuma y desaparecería para siempre entre las olas, se dejó llevar. Pero, de pronto, ¡sintió que flotaba! ¡Como si una poderosa fuerza la elevara lentamente hacia el cielo!

–¡Oooooh! –exclamó, muy sorprendida al ver a unas hadas entre las nubes–. ¿Qué me ha ocurrido? ¿Quiénes sois?

–Somos hadas del aire –respondió una de ellas–. ¡Igual que tú! Tu bondad te ha transformado y te ha traído hasta aquí. Es tu recompensa por el sacrificio que has hecho por ese joven príncipe humano.

–No temas por su vida, Sirenita –le dijo otra de las hadas del aire, con mucha ternura–. El halo de nube que envuelve el barco lo guiará y lo llevará sano y salvo hasta su destino.
El amor que has sentido por él lo protegerá.

Y así, la hija menor del rey Tritón vivió para siempre en el reino de las nubes, vigilando los barcos a la deriva y amainando con su maravillosa voz los más terribles vientos de tormenta.

Rapunzel

Érase una vez, hace muchos, muchos años, en un reino muy lejano, un matrimonio que llevaba tiempo esperando tener un hijo. Hasta que, por fin, ¡la mujer anunció a su marido que estaba embarazada! ¡Iban a tener un bebé!

Y fueron pasando los días hasta que, una tarde, el hombre vio que su mujer estaba muy triste.

–¿Qué te ocurre? –le preguntó, abrazándola.

–¡Me gustaría mucho comerme una Manzana del jardín de la bruja! –respondió la mujer.

Y a pesar de que todo el mundo sabía lo malvada que era aquella bruja, el hombre se armó de valor, cogió un saco y una cuerda ¡y se fue al jardín!

Aunque a su mujer le gustaron tanto aquellas manzanas, ¡que no dejaba de comerlas! Y el hombre decidió volver al jardín de la bruja a por más!

Pero la segunda vez, la bruja lo pilló. Muy asustado, el hombre dijo que eran para su esposa embarazada. Y la bruja, a cambio de no dejarlo hechizado bajo el manzano, le hizo prometer que le entregaría al bebé en cuanto naciera.

Y así ocurrió. Un mañana, la mujer trajo al mundo a una niñita preciosa. Y por la tarde, ¡la malvada bruja fue a reclamarla! Triste y desolado, el padre no tuvo más remedio que entregársela.

La bruja se la llevó al bosque y la encerró en una torre a la que solo se podía acceder por una ventanita.

Rapunzel, pues así se llamaba la niña, tenía el cabello rubio como el sol y tan, tan, tan, tan largo, ¡que la bruja se servía de él como si se tratara de una cuerda para subir a la torre!

Una tarde, el príncipe heredero de aquel reino paseaba a caballo por el bosque y oyó una voz que lo conmovió. Enseguida se dio cuenta de que la que cantaba era una joven y se detuvo a escucharla.

Y le gustó tanto, ¡que decidió ir todas las tardes a aquel lugar solo por oírla! Sentía mucha curiosidad porque nunca veía a nadie por los alrededores y la torre no parecía tener entrada.

Hasta que, un atardecer, oyó que alguien se acercaba. Y escondido tras un árbol, vio a una mujer a la que la joven de la torre le lanzaba una larguísima melena rubia por la que subía como si subiese por una cuerda.

Entonces, decidió esperar a que llegara la noche y llamar a Rapunzel. La joven dejó caer su cabello por la ventanita de la torre ¡y así se conocieron!

¡Y se enamoraron al instante! Se sentían tan bien juntos, que él le pidió permiso para volver la noche siguiente. Y Rapunzel se lo dio. Le agradaba su compañía y le gustaba mucho que le contara cosas que ocurrían en el reino.

Pasaron juntos horas y horas, día tras día, hasta que malvada bruja se enteró. Se puso tan furiosa ¡que le cortó el pelo a Rapunzel y la dejó sola y abandonada en medio de aquel inmenso bosque!

Después, volvió a la torre y esperó a que llegara el príncipe. Y en cuanto vio que se acercaba, le lanzó un hechizo ¡que lo dejó ciego al instante!

De este modo, ciego y desorientado, el joven se perdió. Y anduvo vagando durante semanas entre los árboles y la maleza.

Hasta que, un día, ¡los dos enamorados se encontraron! Al darse cuenta de que él estaba ciego, la joven no pudo contener las lágrimas. Y con ellas, ¡rompió el hechizo de la bruja malvada! El príncipe recuperó la vista al instante y, juntos, se fueron al castillo. Y allí, ¡se casaron y fueron felices para siempre!